Cómo Cultivar Marihuana En Interiores

Una Guía Paso A Paso Para Principiantes En El Cultivo De Marihuana De Alta Calidad En Interiores

Cómo Cultivar Marihuana En Interiores

Copyright 2020 por Tom Whistler Todos los derechos reservados.

El presente documento está orientado a proporcionar información exacta y fiable sobre el tema y la cuestión tratada. La publicación se vende con la idea de que la editorial no está obligada a prestar servicios contables, oficialmente permitidos o de otro tipo, cualificados. Si es necesario el asesoramiento, legal o profesional, se debe ordenar a una persona que ejerza la profesión.

- De una Declaración de Principios que fue aceptada y aprobada por igual por un Comité de la American Bar Association y un Comité de Editores y Asociaciones.

En ningún caso es legal reproducir, duplicar o transmitir cualquier parte de este documento, ya sea en medios electrónicos o en formato impreso. La grabación de esta publicación está estrictamente prohibida y no se permite el almacenamiento de este documento a menos que se cuente con el permiso por escrito del editor. Todos los derechos reservados.

La información proporcionada en este documento se declara veraz y consistente, en el sentido de que cualquier responsabilidad, en términos de falta de atención o de otra manera, por cualquier uso o abuso de cualquier política, proceso o instrucciones contenidas en el mismo, es responsabilidad única y absoluta del lector receptor. Bajo ninguna circunstancia se podrá responsabilizar legalmente o culpar al editor por cualquier reparación, daño o pérdida monetaria debido a la información aquí contenida, ya sea directa o indirectamente.

Los respectivos autores son dueños de todos los derechos de autor que no son propiedad de la editorial.

La información que aquí se ofrece tiene un carácter exclusivamente informativo y es de carácter universal. La presentación de la información se realiza sin contrato ni ningún tipo de garantía.

Las marcas comerciales que se utilizan no tienen ningún consentimiento, y la publicación de la marca comercial se realiza sin permiso ni respaldo del propietario de la marca comercial. Todas las marcas registradas y marcas dentro de este libro son sólo para propósitos aclaratorios y son propiedad de los dueños mismos, no afiliados con este documento.

Tom Whistler

Tabla de Contenido

Introducción..1

Capítulo 1: Así que usted quiere su propio producto 3

Capítulo 2: Cómo iniciar 17

Capítulo 3: Las necesidades básicas 25

Capítulo 4: Elección de las semillas................ 44

Capítulo 5: Germinando sus semillas 54

Capítulo 6: El estado vegetativo 62

Capítulo 7: La etapa de floración 82

Capítulo 8: La cosecha 93

Conclusión... 102

¡Gracias! 104

Cómo Cultivar Marihuana En Interiores

Introducción

A lo largo de los años, la práctica de plantar y cosechar cannabis para consumo personal se ha convertido en una tendencia cada vez más popular. En lugar de buscar distribuidores y distinguir entre productos buenos y malos, la fabricación del proprio producto se ha convertido en el curso de acción más económico (y más gratificante).

A pesar de las dificultades que los veteranos quieren que usted piense, plantar, cuidar y cosechar su propio producto es más fácil de lo que piensa. Los principales ingredientes son una buena planificación y una gran dedicación.

Aquí es donde entra este manual. Lo guiará a través de todo, desde la selección de semillas hasta el almacenamiento y el consumo. También lo convertirá en un veterano en el cuidado de sus plantas. Lo convertirá en un experto en cannabis en poco tiempo.

Tome nota, sin embargo, de que este manual no sólo está destinado a "agricultores" experimentados que quieren refrescar sus conocimientos. También es para el principiante en ciernes que quiere crear su propio producto. Se le guiará a través de lo básico hasta las metodologías y trucos avanzados para asegurarse de que su rendimiento sea siempre superior a sus expectativas.

¡Feliz lectura!

Capítulo 1: Así que usted quiere su propio producto

Como principiante, encontrar el lugar adecuado para empezar a estudiar puede ser una tarea desalentadora, especialmente si estaba disfrutando del Cannabis como consumidor o como paciente.

Con esa imagen en mente, ahora está buscando recrear el producto que ha estado disfrutando hasta ahora por sus propios medios, sin su distribuidor habitual y sin tener que pagar por ello.

Lo primero que hay que entender es al producto en sí mismo. Sí, lo ha probado y sabe lo bueno que es, pero aprender sobre el Cannabis es más que apreciar lo que puede hacer desde el punto de vista médico y recreativo.

Una retroalimentación sobre la hierba

El cannabis no sólo se llama hierba porque suena genial. Se llama así porque la planta se considera literalmente como hierba.

Con ese pensamiento en mente, evite generalizar el Cannabis como algo que se puede encontrar fácilmente en cualquier lugar. Crece en ciertas condiciones, pero dadas esas condiciones, crece tan tenazmente como cualquier otra hierba de jardín que haya sacado antes.

El cannabis es conocido como una planta con flores. Se sabe que su género tiene tres especies que contienen todas las mismas bondades, por lo que tiene diferentes tipos. Mezclado con diferentes formas de preparación, usted puede terminar con diferentes tipos de marihuana.

La marihuana puede ser consumida como cualquier otro vegetal, molida por su aceite y por supuesto, fumada secando y preparando ciertas partes de la planta.

Lo que hace que esta hierba floral sea diferente de las demás es el hecho de que produce muchos compuestos químicos diferentes que tienen un gran uso medicinal. Entre todos estos compuestos destaca un ingrediente: los cannabinoides.

Cannabinoides

Si has fumado hierba o consumido cualquier cosa que contenga extractos de Cannabis, es posible que hayas experimentado lo que la mayoría de la gente llama "estar drogado".

Esto puede describirse como un "estado de ánimo elevado" e incluso euforico. También causa un cierto cambio en su percepción, haciendo que usted experimente las cosas de manera diferente. Por ello, se convirtió en una sustancia recreativa popular para usar.

La razón de estas sensaciones se basa en gran medida en el contenido de cannabinoides de la marihuana, que es único dentro de la planta. Y como cualquier otro compuesto químico, los cannabinoides difieren entre sí dependiendo de su composición química.

Hay dos tipos de cannabinoides que se encuentran en la marihuana. Usted tiene tetrahidrocannabinol (llamado TCH) y cannabidiol (llamado CBD). Estos dos ingredientes son los responsables de las sensaciones que se experimentan después de consumir el cannabis.

Si ha estado comprando su producto a varios distribuidores, es muy probable que estos tipos contengan cantidades más altas de THC. Dicho esto, demasiada exposición al THC puede llevar a la dependencia y a la paranoia.

Por otro lado, el CBD trabaja con el THC para contrarrestar los efectos iniciales del THC una vez que es ingerido por el cuerpo. En lugar de causar un "subidón" como el THC, el CBD tiene como objetivo calmar sus sistemas corporales y restaurar el equilibrio. Este compuesto hace que el Cannabis sea una medicina muy efectiva para las enfermedades basadas en los síntomas.

¿Por qué se llama marihuana?

Si estás en una discusión formal, el término apropiado para usar es Cannabis, pero el término Marihuana se ha convertido en una opción más popular en el léxico diario.

El término surgió durante los años que precedieron a la gran depresión americana. Antes de la depresión, los Estados Unidos eran principalmente una unión de no fumadores de hierba. Todo esto cambió cuando un gran número de inmigrantes mexicanos llegaron legalmente a suelo americano.

Los inmigrantes eran del tipo fumador, llevando sus drogas recreativas y prácticas junto con ellos cuando entraron en América. Una de estas prácticas era la hierba, a la que llamaban cariñosamente "marihuana".

Cuando el gobierno de los Estados Unidos empezó a darse cuenta, inició su campaña contra la práctica y la etiquetó como una sustancia peligrosa. Fue durante esta gran depresión que la gente buscaba algo a lo que culpar por todo el percance que había estado ocurriendo; encontraron al perfecto culpable que es el Cannabis.

Tomando el término mexicano para su hobby y usándolo para alimentar su campaña contra el Cannabis, el recién nombrado director de la Oficina de Estupefacientes comenzó a usar el término "marihuana". Fuc durantc cl mandato de Harry Anslinger como director de la Oficina que el término salió a la superficie y se ganó su notoriedad en el léxico diario.

La marihuana hoy en día

A pesar de tener muchos beneficios médicos, la legalidad del consumo de cannabis sigue siendo un tema muy debatido en muchos lugares. Lamentablemente, es ilegal en algunos estados y países. Aunque hay muchos movimientos realizados por varios grupos para legalizar el uso del Cannabis, es importante trabajar dentro de la ley y comprobar la legalidad de la planta.

Al día de hoy, la marihuana es legal en los siguientes estados:

- Oregon
- Washington D.C.
- Colorado
- California
- Maine
- Alaska
- Massachusetts
- Nevada

En cuanto al resto del mundo, la marihuana se disfruta para uso recreativo en España, Uruguay, Suiza e incluso Canadá.

Una de las primeras cosas que tiene que comprobar antes de cultivar su propia marihuana es verificar si hacerlo es legal en su área. Si tiene la libertad de uusarla, entonces también tendrá la libertad de producirla.

LOS USOS DE LA MARIHUANA

Además del obvio "subidón" del que disfrutan muchos usuarios recreativos, el cannabis ofrece muchos beneficios debido a la gran cantidad de compuestos que produce como planta. Cuando se procesa adecuadamente, el Cannabis incluso rivaliza con el legendario coco en lo que respecta a la destreza medicinal.

Fumar

Cuando las hojas se secan y ahúman de forma similar al uso recreativo, se obtiene el efecto más inmediato. Puede atestiguar esto si ha fumado marihuana antes. Esa sensación de euforia y perspectivas confusas puede producirse a los 10 minutos de fumar.

Cuando se trata de fumar hierba, hay dos variedades de productos disponibles. Las más comunes entre estas dos son, por supuesto, las flores. Los capullos secos y procesados que comúnmente se ven cuando se hace la compra. Esta es la imagen principal de la marihuana con la que la mayoría de la gente está familiarizada.

En el otro lado, también tiene los concentrados. Estos productos han tomado el contenido químico del Cannabis y han encapsulado sus efectos en una forma más potente. Aquí, usted puede tener aceites, ceras, cubos, e incluso hashes que también pueden ser fumados.

La principal diferencia entre las yemas y los concentrados para fumar se encuentra en las secuelas. Piense que fumar capullos es como probar un tazón de fideos normal. Por otro lado, fumar concentrados es como comerse un tazón de la variedad más exótica y picante disponible en el mercado. En el caso de los concentrados, se trata de THC en bruto que ha sido extraído de la planta y purificado hasta el punto de que el efecto se magnifica.

Vaporización

Si usted es un principiante, podría comenzar a confundir la vaporización del cannabis con el fumar porque ambas formas se ven similares. Es el equipo usado que difiere entre los dos.

Si usted enrolla los porros para fumar, usted usa un vaporizador o un bolígrafo de vapeo para saborear el vapor. Cuando se fuma, se quema el producto y se inhala el humo que contiene los compuestos químicos necesarios para la experiencia. Cuando se vaporiza, se sigue sometiendo el producto al calor pero no se quema en el proceso.

La vaporización del cannabis se ha hecho cada vez más popular a lo largo de los años, ya que proporciona a los consumidores una forma más eficaz de disfrutar de la marihuana sin tener que inhalar el humo. Aunque el equipo es más caro que el papel de fumar, otras personas consideran que es una inversión digna.

Ingestión

¿Ha oído hablar de los brownies espaciales? Este es un ejemplo de la ingestión de cannabis. Algunas personas prefieren tener la marihuana como ingrediente en los alimentos que consumen. A veces, el aceite de cannabis se utiliza en la cocina o se incorpora en la preparación de ciertos alimentos.

Comparado con fumar y vaporizar, la ingestión de marihuana toma un curso diferente. Debido a que los compuestos no son inhalados y sintetizados inmediatamente en el torrente sanguíneo, los efectos de la ingestión de marihuana no surtirán efecto sino hasta una buena media hora o cuando su sistema digestivo haya descompuesto la comida.

Los efectos también duran más tiempo con la ingestión. Esto se debe a que los compuestos permanecen en su sistema por más tiempo, afectando a sus condensadores y sensores de neuronas por períodos más largos. Por lo tanto, la ingestión de marihuana se ha convertido en un método muy popular, ya que proporciona a los consumidores una mayor cantidad de embriaguez.

CANNABIS DISECADO

Sí, plantar un árbol y esperar a que dé frutos parece bastante fácil, pero cuando se trata de cannabis, un poco de conocimiento previo puede ser muy útil para controlar y cuidar la planta.

Por eso es tan importante entender las partes de su planta y como cuidarla.

Género

Al igual que la mayoría de las plantas, el cannabis se convierte en un ejemplar macho y hembra. El producto que ya está disfrutando a partir de hoy proviene de los brotes del lado femenino. Estas plantas producen flores sin semillas que producen mucho THC.

En resumen, la única razón para que usted cultive plantas masculinas es si quiere propagar su propio producto y hacer sus propias semillas. De lo contrario, las plantas macho son inútiles para el consumidor.

Afortunadamente, la mayoría de los vendedores de semillas son conscientes de ello y ofrecen lotes de semillas que son predominantemente femeninos. Además del género, también puede comprar semillas que florecen por sí solas después de un período de tiempo retrasado, pero habrá más sobre eso en un capítulo posterior.

Cola

No, esto no pertenece a la soda, sino a la parte más importante de la planta. Una cola es una colección de capullos que crecieron muy cerca unos de otros en la flor. Eso es lo que se busca en una buena cosecha.

Si cultivó bien su planta de maceta, debe tener más de una cola en su planta, cerca de los sitios de brotación a lo largo de las ramas. Aparte de estas colas, la única cola a la que hay que prestar atención es la colección principal de brotes que también se conoce como brote apical. Este se encuentra en la parte superior de su planta.

Pistilo y el estigma

Al igual que cualquier otra planta con flor, el cannabis también tiene un pistilo. Debe saber que esta parte contiene las partes reproductivas femeninas de su marihuana. Normalmente se encuentran dentro de las colas ya que es aquí donde se forman los brotes.

En el pistilo hay pequeños hilos de fibra o pelo que se llaman estigmas. Esto es lo que ayuda a polinizar la flor al recolectar el polen del cannabis masculino.

Tricoma

Otra parte interesante de la planta se conoce como tricoma. Si alguna vez ha visto una planta entera de cerca cuando ha comenzado a florecer, notarás muchas gotas parecidas a la resina formándose cerca de los capullos de la flor. Estas gotitas de resina son el producto de los tricomas.

Lo que las hace interesantes es el hecho de que sirven como protección contra los depredadores al disuadirlos de la planta. Curiosamente, estas gotas contienen concentraciones muy altas de

THC y CBD. Las personas que fabrican concentrados e ingeribles también utilizan los tricomas de la planta.

Capítulo 2: Cómo iniciar

Ahora que ya sabe lo que es el cannabis y lo que puede hacer por usted, el siguiente paso es prepararse para producir su propio producto. Al igual que cualquier otro pasatiempo, determinar sus metas para cultivar marihuana tiene prioridad sobre todo lo demás.

Planificación

Cuando se adhiere a un plan general, es mejor establecer sus metas personales. Comience por hacerse algunas preguntas personales sobre su relación con el cannabis.

- ¿Qué quiero hacer con mi planta de maceta?
- ¿Con qué frecuencia quiero cosechar mis brotes?
- ¿Quiero vender?
- ¿Para cuántas personas estoy preparando el cannabis?

Estas preguntas le ayudarán a tener una mejor idea de lo que quiere hacer. Estas preguntas determinarán la cantidad de semillas, equipo, accesorios de iluminación y espacio que debe asignar a sus plantas de maceta.

Otra cosa que hay que considerar es cómo vas a consumir su cannabis. ¿Lo vaporizará? ¿Fumará?

Conocer sus limitaciones

Es importante tener control sobre su consumo y rendimiento. Debido a que su maceta se convertirá en un recurso accesible si la planta usted mismo, podría sentirse tentado a aumentar su consumo diario. Esto puede ser una buena o mala idea, dependiendo de su autodisciplina.

Si conoce sus limitaciones a la hora de consumir cannabis, puede controlar la cantidad de hierba que produce personalmente, de modo que tenga suficiente para ayudarse a tener un poco de sobra para los antojos repentinos.

Si usted termina con un exceso, podría terminar queriendo consumir todo en un período corto, lo que puede conducir a la adicción y otras preocupaciones médicas. No querrá tener una sobredosis simplemente por el hecho de que tiene demasiado producto en casa.

El principiante con el cannabis sólo debería ser capaz de consumir un gramo completo en una sola sesión. Eso debería ser más que suficiente para que se sienta "volado" y satisfecho. Para ese tipo de consumo, una planta de maceta debería servir. Con la semilla adecuada, puede producir más que suficiente para durar unas semanas.

Como principiante, el cuidado de una maceta es también un buen comienzo. Una vez que se acostumbra a cuidar una maceta, y luego se agregan más macetas según sea necesario, se convierte en un enfoque más realista que comenzar con una gran cantidad de macetas sin experiencia.

Elegir el enfoque interior

Independientemente de la legalidad y la aceptación de cultivar marihuana en su localidad, siempre es mejor cultivar su hierba en interiores. Esto es especialmente cierto para los principiantes que también buscan entender mejor como funciona.

Control

Si usted cultiva cannabis al aire libre, sus plantas están sujetas a los impredecibles giros y vueltas de la Madre Naturaleza. Se encontrará con cosas como la lluvia, la nieve y el granizo que pueden dañar su precioso producto.

Además, sus plantas de maceta también están sujetas al horario de la naturaleza. Es importante tener en cuenta que el cultivo de cannabis es capaz de aumentar su rendimiento. Para ello, tiene que permitir que sus plantas de flores absorban la mayor cantidad de nutrientes posible antes de que florezcan. Cuando florece, lo que hay en el tallo es lo que obtiene.

Para obtener el mayor número de tallos, la mayoría de los expertos intentan retrasar el proceso de floración aumentando la cantidad de luz del día que recibe la planta, engañando a la planta en un estado de absorción de nutrientes y retrasando la floración.

No puede hacer eso si cultiva su cannabis al aire libre. Eso significa que usted cosechará, esté contento con los brotes o no.

Calidad

En línea con el control, usted obtiene un mejor producto cuando puede dictar los términos en los que crecen sus plantas de maceta. Debido a que tiene un mejor control sobre los diversos elementos que afectan al crecimiento de su Cannabis, puede cambiar todo a su favor asegurándose de que la planta reciba más de lo que le corresponde.

Puede usar tierra aireada para que las raíces respiren mejor. Puede proporcionar vitaminas suplementarias y otros aditivos para ayudar a aumentar el rendimiento. Esto significa que usted dicta el tipo de flores que cosecha, dependiendo de lo bien que las cuide.

Aquí es también donde entra en juego la variedad. Con la libertad de manipular elementos como la iluminación y el fertilizante, puede cultivar diferentes tipos de productos de cannabis que tienen diferentes sabores y efectos. Ciertamente hay más posibilidades de explorar cuando se cultiva en interiores.

Seguridad

Debido a que usted está dentro de los límites de su propiedad, su única preocupación es el olor de su producto. Esto es especialmente significativo en los lugares donde la marihuana para uso personal todavía se considera ilegal.

Poniendo la ley a un lado, cultivar dentro de su casa también asegura su producto de los posibles ladrones que podrían simplemente "bailar el vals" hasta su jardín y llevarse toda su cosecha de forma gratuita. Eso podría ser perjudicial para usted, especialmente si está planeando comercializar su propio producto dentro de sus círculos sociales.

El lado negativo

Por supuesto, si el cultivo en interiores tiene sus ventajas, también tiene sus desafíos. El mayor de estos desafíos es la ausencia de un ecosistema natural para el cuidado de la planta.

Al ser una planta con flor, el cannabis es presa de ácaros y otros parásitos que son atraídos por este tipo de planta con flor. Cuando se cultiva en la naturaleza, la Madre Naturaleza proporciona guardianes naturales para estas plantas como las avispas, las abejas y otros elementos. Cuando cultive su Cannabis en interiores, estas formas naturales de protección desaparecerán y se encontrará luchando contra los elementos para mantener su planta de maceta sana antes de que pueda rendir.

También se afirma que el cannabis cultivado con luz natural tiene una textura crujiente que aquello cultivado con la luz artificial ya que no consigue reproducirse. Con la gran cantidad de gustos, variantes y consumidores que hay en el mercado, esta nitidez puede considerarse una cuestión de preferencia personal, ya que tanto los productos de interiores como los de exterior tienen una gran calidad.

Estacionalidad

Como plantará en interiores, no tendrá que preocuparse por las estaciones y el clima. Ya sea justo en medio del verano o bordeando el invierno, puede cultivar su planta de maceta siempre y cuando tenga el equipo y las semillas adecuadas.

No tenga miedo de empezar a finales de año con su nuevo hobby. Siempre y cuando usted pueda cuidar la planta, ésta rendirá y le proporcionará una fuente personal de Cannabis.

A pesar de ello, usted tendrá que confiar en su calendario cuando se trata de planificar su cosecha. Al plantar sus semillas, deles unas seis semanas para que absorban los nutrientes y se vuelvan más voluminosas. Después de eso, obtendrá una cosecha abundante cuando la planta empieza a dar flores.

Se espera que transcurran unos cuatro o cinco meses antes de que el primer lote esté listo para la curación y el consumo. Es una espera laboriosa pero la recompensa vale la pena.

Capítulo 3: Las necesidades básicas

A pesar de ser una hierba, el cannabis es un producto de gran demanda. Usted más que nadie debería saber lo difícil y costoso que es conseguir un buen lote.

Lo mismo puede decirse de cultivar su propio producto. No, no va a necesitar un enorme jardín botánico con equipos de última generación para asegurarse de que su primera planta en maceta tenga éxito, pero lo que ya tiene en el cobertizo de su patio trasero puede no ser suficiente para empezar.

Espacio

La primera cosa que su planta de maceta va a necesitar es espacio para crecer. Está viendo una planta con flores que debería ser tan alta como su espinilla o su rodilla. En casos raros, la planta puede crecer hasta la altura de las caderas y los muslos.

Dependiendo de la semilla que obtenga, tendrá que asignar mucho espacio vertical para su planta de maceta. Sin embargo, no es necesario que despeje una habitación, pero debe asegurarse de que sea un lugar tranquilo donde su cannabis pueda aspirar luz por sí misma y germinar.

En ese mismo sentido, puede que ni siquiera necesite una habitación entera para su cannabis, especialmente si está empezando con una planta. Algunos expertos eligen hacer crecer su producto en armarios, roperos e incluso en sótanos subterráneos que no se han utilizado durante mucho tiempo. Sólo asegúrese de que puede colocar el resto de su equipo en el espacio elegido.

Recuerde que su espacio debe ser fácil de limpiar. Como no tendrá la protección natural de la Madre Naturaleza, tendrá que asegurarse de que su planta tenga el menor número posible de bichos a su alrededor. Mantener su área de cultivo limpia todo el tiempo mantendrá alejadas a las ratas, ratones, termitas, mosquitos y otras plagas de su preciosa maceta.

Además, asegúrese de que tiene acceso a la electricidad dentro del espacio elegido. Como aprenderá más adelante, sus plantas van a necesitar mucha iluminación y ventilación artificial. Para ello, necesitará luces y ventiladores.

Además de eso, su espacio de crecimiento tiene que ser "hermético a la luz". Esto significa que usted es el que está a cargo de cuánta luz entrará en ese espacio. Debido a que usted está manipulando la cantidad de luz que su planta recibirá mediante el uso de luz artificial, la luz inesperada de otras fuentes que lleguen por la noche puede confundir sus plantas y arruinar todo su proceso.

En cierto modo, cuando necesite tener luz, será usted quien la proporciona. Cuando no quiere que su planta reciba la luz, usted es el encargado de asegurarse de que la luz no entre en el área.

Esto puede hacerse con cortinas gruesas y negras que cubran los agujeros y otras aberturas en su espacio de cultivo. Cuando su planta de maceta haya tenido más de 12 horas de luz solar, baje las cortinas para cortar cualquier otra luz de otras fuentes. Esto hará que su planta piense que es de noche.

Además de la iluminación, también hay que preocuparse por la temperatura y la humedad general de la zona. Aunque aquí se trata de hierba, el cultivo en una zona húmeda y cálida no es ideal para su cannabis. Va a necesitar un espacio fresco y ventilado. Si el espacio está cerca de una ventana por la que puede entrar aire fresco, es mucho mejor.

Iluminación

Aquí es donde las cosas se pueden poner caras. Elegir la luz de crecimiento es un poco como elegir un coche, hay muchas características que suenan bien pero pueden terminar siendo innecesarias.

Ya que sólo está tratando con una planta de maceta, no querrá nada demasiado lujoso. Sólo asegúrese de que su luz pueda hacer varias cosas y que esté bien:

- Asegurese de que la luz elegida cubra la totalidad de su área de cultivo. Su luz se debe ajustar a sus plantas; no al revés.

- También querrá luces que puedan entrar en diferentes espectros. Esto se debe a que las plantas pueden prosperar mejor cuando su fuente de luz puede darles diferentes longitudes de onda de energía.

- También debe tener un mínimo de mantenimiento. Nada arruina más un lote que tener que cambiar las bombillas en medio de un recorrido a plena luz del día. Esto hace que sus plantas se vuelvan más propensas a perderse.

Elegir la luz

Con estas consideraciones en mente, dirigirse al mercado por una buena luz de cultivo debería parecer fácil. A pesar de que esto es cierto, es la gran cantidad de tipos y opciones que pueden asustar a cualquier principiante. Por eso es importante para el botánico en ciernes entender lo que hace cada tipo.

Descarga de alta intensidad (HID)

Este es probablemente el tipo más común que verá en el mercado porque se considera el estándar de la industria. Esto significa que si usted tiene que ir con un mínimo que garantice productos de alta calidad, entonces los modelos HID son el mejor camino a seguir.

La principal diferencia que tienen estas luces con respecto a las luces fluorescentes normales de su casa es la salida. Por la misma cantidad de electricidad que usan estas bombillas, se obtiene más luz.

Concentrados en un área pequeña, estos bulbos harán un buen trabajo simulando la luz del sol para su planta de maceta, de ahí el nombre de descarga de alta intensidad. En pocas palabras, son más brillantes.

El principal problema de estas bombillas es que producen mucho calor debido a su salida de luz. Este es un problema común con la mayoría de las luces de alta potencia. Aunque la luz del sol es buena para el cultivo de su Cannabis, demasiado calor dañará las hojas y arruinará el proceso de fotosíntesis que aumenta su potencial de cosecha.

Ya que está empezando con un pequeño grupo o incluso una sola planta de maceta, no querrá poner demasiada energía y cocinar su planta mucho antes de que florezca.

Luces Fluorescentes

Ahora estas no son como las que tiene en casa. Estos modelos utilizan bombillas de alto rendimiento que no son tan potentes como las anteriores pero que sirven para lotes más pequeños.

Principalmente, son más asequibles porque no son tan poderosos como las otros líderes del mercado. Esto las hace populares entre los pequeños jardineros y los principiantes.

A pesar de ello, la mayoría de los entusiastas siguen utilizando estas bombillas en la primera etapa del proceso de cultivo, ya que no consumen mucha electricidad y hacen el trabajo que tienen que hacer. Más tarde, cambian a luces más fuertes para aumentar su rendimiento.

Diodo emisor de luz (LED)

Considerado uno de los modelos más nuevos en iluminación, las luces LED ya llevan bastante tiempo saturando el mercado, generando críticas mixtas de varios usuarios.

La premisa principal para el uso de las luces LED es la necesidad de tener una fuente de luz que pueda atender a diferentes longitudes de onda de luz para promover el crecimiento de su planta de maceta. Son más eficientes y flexibles en comparación con otros modelos.

Debido a que utilizan diodos en lugar de bombillas de filamento, son virtualmente más eficientes en el sentido de que pueden producir tanta luz como cualquier otra bombilla con menos cantidad de electricidad.

El mayor inconveniente de usar estas luces modernas es que son bastante caras. En comparación con otras formas de iluminación, estas podrían ser las cosas más caras que usted puede manejar como cultivador, siendo hasta 10 veces más caras que otras luces para cultivo en el mercado.

Elegir la luz adecuada

Aunque hay muchas opciones en el mercado cuando se trata de hacer crecer su cultivo, hay algunas constantes que debe tener en cuenta como principiante:

Lo primero que debe considerar es su presupuesto. Aunque la iluminación es importante, no puede gastar todo su presupuesto sólo en la iluminación. También hay una selección de semillas y métodos de ventilación. No se sienta frustrado si no está usando una elegante luz de crecimiento al principio.

Lo siguiente que hay que considerar es la cantidad de habilidad que hay que tener con la luz. Aunque son sólo luces, los diferentes modelos tienen diferentes configuraciones. Podría mirar los soportes, paneles y otros accesorios para asegurar que la luz de cultivo haga bien su trabajo.

Tome en consideración la apariencia general y las medidas de su área de cultivo. No querrá tener luces demasiado grandes para un área pequeña.

Por otro lado, tampoco servirá de nada una pequeña luz en un área grande.

Ventilación

Cuando haya seleccionado sus luces de cultivo, lo siguiente que debe considerar es cómo suministrar aire a su planta de maceta.

Le sorprenderá saber por qué la aireación es algo tan importante y como el aire tiene que ser controlado y mantenido para una planta de maceta. Una ventilación adecuada es tan vital como un suministro constante de luz cuando se trata de la fotosíntesis.

Aquí es donde las cosas se complican más. Con el sistema de iluminación elegido ya instalado, tendrá que hacer algunos ajustes más en la instalación antes de colocar las macetas.

Necesitará dos cosas. En primer lugar, necesitará suministrar a su planta un flujo constante de aire fresco. En segundo lugar, usted debe tener algo que elimine el aire caliente que está siendo causado por su sistema de iluminación.

Para poder suministrar aire fresco y exterior a su área de cultivo, necesitará un extractor de aire.

Esta herramienta tiene un doble propósito, ya que introduce aire fresco y expulsa el aire caliente de su área de cultivo.

Este ventilador debe ser instalado en una abertura cerca de la parte superior de su área de cultivo pero no en el techo. Tenga en cuenta que este ventilador estará funcionando durante días enteros, lo que significa que usted necesita encontrar algo de bajo mantenimiento y no demasiado potente para estar seguro en el consumo de su factura de electricidad.

Con el extractor de aire en su lugar, también va a necesitar una abertura más en su área de cultivo, idealmente paralela a la posición de su extractor de aire. Dado que el extractor va a soplar hacia fuera del área de cultivo, el aire fresco tiene que entrar desde algún lugar. Para esto es la otra abertura.

Esta segunda abertura debe estar protegida por un filtro o un respiradero que impida que otras cosas entren en el área de cultivo. No querrá que las moscas, las abejas o las avispas entren desde el exterior a su planta de maceta.

Probando su área

Antes de colocar las macetas para tener una idea de las cosas, comience colocando un termómetro dentro del área. Cuando tenga eso, haga dos lecturas.

La primera lectura que debe tomar es cuando los ventiladores y las luces están encendidas. En ese estado, usted debe ser capaz de mantener una temperatura de 70 a 80 F en todo momento. Si su configuración no está haciendo eso, significa que o bien no está recibiendo suficiente luz o su ventilador es demasiado fuerte. Uno de ellos tiene que ser ajustado. El reposicionamiento de la luz debería remediar la situación.

Cuando pueda alcanzar ese nivel, y mantenerlo así durante unos buenos 15 minutos, apague las luces y espere a que el área se enfríe un poco antes de obtener la segunda lectura. Sin el calor de su luz de cultivo, la temperatura óptima debe estar entre 58 y 70 F.

Cualquier cosa más caliente que esas temperaturas, empezará a quemar sus hojas. Cuando eso sucede, su rendimiento se ve afectado. Esto se debe a que la fotosíntesis se produce en las hojas y ese proceso se ve comprometido cuando las hojas se dañan con el calor.

La optimización de su equipo para cumplir con esos requisitos de temperatura es muy importante. Este rango de temperaturas mantendrá su planta de maceta sana y aumentará su cosecha dándole mucho dióxido de carbono y la luz solar necesaria para una gran fotosíntesis.

Suelo

¿En qué medio crecerán sus plantas de maceta? Lo que parece una elección fácil de hacer puede no ser tan simple como parece, porque la tierra normal, aunque es accesible, puede no ser lo mejor para su planta de maceta.

A pesar de ser el método tradicional de cultivo del cannabis, la tierra regular simplemente no sirve para nada. Recuerde que su planta de maceta también extraerá nutrientes de su tierra. Si le da algo inferior para que crezca, también va a obteer brotes inferiores.

Por eso se requiere un suelo de primera calidad para el Cannabis, con hierba y todo. La pregunta es, ¿qué es un suelo de primera calidad?

Tenga en cuenta que el suelo del jardín estándar no cuenta en este sentido. Estás buscando tierra para macetas. Esto se debe a que la tierra de las macetas está diseñada para espacios más pequeños, lo que permite un espacio de respiración para sus raíces y más espacio para los nutrientes y otros aditivos que pueda tener para su planta.

Una buena forma de hacerlo es acercarse a su tienda de jardinería local y preguntar sobre el mejor tipo de suelo para una planta con flores en su área. Lo más probable es que se le indique que tome una muestra de suelo pre-fertilizado.

Curiosamente, también puede preparar la tierra pre-fertilizada utilizando métodos naturales que no impliquen aditivos químicos y fertilizantes. Todo lo que necesita es fertilizante natural como tripas de lombriz, excrementos de murciélagos, hojas muertas e incluso abono. Mezcle estas cosas con un lote de tierra buena y firme y haga que toda la mezcla se asiente durante dos semanas.

Por supuesto, también puede obtener tierra pre-fertilizada de muchas tiendas de suministros de jardinería que crean estas mezclas para usted. Simplemente pida tierra de primera calidad o tierra pre-fertilizada.

Recordatorios importantes acerca del suelo

Cuando haya encontrado un buen lote de tierra, recuerde tener a mano un poco de material extra. Esto no es para el siguiente lote, sino para reponer la tierra que se pierde a medida que se avanza en el proceso de germinación.

Recuerde que la tierra no es sólo una parcela en la que sus plantas de maceta florecerán. Es un semillero de nutrientes y buenas bacterias que promueven el movimiento y el crecimiento de las raíces. A medida que su planta de maceta se desarrolle, irá perdiendo tierra y notará que sus macetas se diluyen. Por lo tanto, usted necesita reponer esa tierra justo antes de que tenga su floración de cannabis lista.

También debe considerar el contenedor de sus plantas. ¿En qué colocará su tierra y sus semillas de marihuana? Una simple olla es deplorablemente insuficiente.

La mayoría de los entusiastas expertos prefieren utilizar pequeñas bolsas o contenedores de plástico para cultivar su producto. Aunque son baratas y accesibles casi en cualquier lugar, tendrá que soportar el traslado de sus plantas una vez que el suelo se humedezca demasiado; y se encontrará haciendo eso muy a menudo.

Este no es un mal lugar para empezar, especialmente si tiene un presupuesto corto. Por otra parte, también puede optar por invertir en "macetas inteligentes", que se pueden comprar en su tienda de jardinería local. Son recipientes especialmente diseñados que permiten el drenaje del agua y promueven la aireación del suelo para dar a las raíces más espacio para crecer.

Una alternativa es reciclar los contenedores de agua para rfecolectar el suelo. Las ollas y sartenes viejas también pueden servir. Lo importante es permitir un drenaje adecuado. Si está reutilizando un recipiente, asegúrese de perforar agujeros que sean lo suficientemente grandes para que el exceso de agua se caiga pero lo suficientemente pequeño para mantener la tierra dentro mientras crecen sus plantas. Una cosa que no quiere que pase con sus plantas es que se ahoguen en la tierra hecha "sopa".

Nutrientes

Como cualquier otra planta, el Cannabis también requiere una delicada mezcla de nutrientes para prosperar y florecer con muchas colas. Para ello, la planta debe ser capaz de absorber varios nutrientes y sintetizarlos para traducirlos en brotes y volumen.

Debido a que está creciendo en el interior, tendrá un control completo sobre lo que su planta come a medida que crece. Para que produzca el tipo de cosecha que usted desea, tendrá que suministrar nutrientes a su planta de maceta.

Dependiendo del tipo de suelo que estés usando, ya está haciendo la mitad del trabajo si coloca su cannabis en suelo pre-fertilizado. Este tipo de suelo ya tiene una cantidad constante de nitrógeno, fósforo y potasio. Estos son los tres nutrientes que necesita su planta de maceta.

Además de estos tres componentes primarios, su marihuana también necesita los siguientes micronutrientes para producir una buena cosecha:

- Magnesio
- Calcio
- Cobre
- Hierro

Una vez más, si está utilizando un suelo de primera calidad, hay una gran posibilidad de que ya tenga estos componentes en el suelo. La única vez que realmente va a tener que complementar estos nutrientes es si su planta muestra problemas de crecimiento.

Estos problemas pueden variar entre ser demasiado cortos, no rendir nada, florecer fuera de tiempo, generar brotes decepcionantes, tener hojas pequeñas y similares.

A diferencia de los humanos, no puede plantar vitaminas en su tierra y esperar que sus plantas disfruten de sus suplementos. Estos suplementos deben ser suministrados a su planta en forma líquida. Se riegan en el suelo donde las bacterias de la raíz de la planta lo descomponen y lo sintetizan.

Nuevamente, puede obtener estos suplementos en cualquier tienda de jardinería. Si usted está recibiendo sus suministros de una tienda, es posible que ya no necesite obtener vitaminas y suplementos si ya está recibiendo tierra de primera calidad.

Capítulo 4: Elección de las semillas

Esta es probablemente una de las partes más emocionantes del cultivo de su cannabis; elegir qué semillas plantar. Aunque sólo se habla de una especie, la marihuana ha dado un gran salto en cuanto a variedad en lo que se refiere a sabores, mecánica de crecimiento e incluso control de género.

Aunque muchas semillas se explican por sí solas, es importante saber qué hay en el mercado antes de hacer un pedido de algunas semillas.

Si usted es un consumidor que comienza con cero conocimiento de fondo sobre las semillas, es fácil confundirse con los muchos términos y tipos de semillas que hay en el mercado en este momento. Si vive en una zona donde la marihuana es legal, verá que la competencia es muy dura y que cada distribuidor tiene como objetivo crear un producto único.

¿Pero cómo puede conseguir algo más único que un montón de brotes?

Sativa vs Indica

Se mencionó anteriormente que el género Cannabis se divide más adelante en subespecies que tienen diferencias leves. Dos de las subespecies más comunes son el Cannabis Sativa y el Cannabis Indica. Aunque ambas cepas son ideales para fumar, vaporizar e ingerir, sus leves diferencias podrían despistarlo.

La principal diferencia entre las dos cepas radica en sus efectos sobre el cuerpo. Si desea obtener más relajación de su producto, entonces debe obtener sus semillas de Cannabis Sativa de forma práctica.

Por otro lado, una sensación más eufórica y energizante proviene del Cannabis Indica. Estas cepas tienen una mayor cantidad de CBD en comparación con su conteo de THC. La sativa, por otro lado, tiene más THC. Esta es la razón de sus diferencias.

Semillas autoflorecientes

Como su nombre lo indica, estas semillas comienzan a florecer después de un cierto tiempo, dependiendo de dónde las consiga. Lo que sea que haya hecho entre la etapa de germinación y la etapa de floración, eso es todo lo que está cosechando.

Estas semillas son excelentes para los principiantes en el sentido de que saben cuándo esperar su cosecha. También puede darse una línea de tiempo en la que pueda hacer resultados predecibles. No tendrá que ver lo que sucede con su planta de maceta con estas semillas porque las flores florecerán sin importar la cantidad de luz solar y nutrientes que les de.

Además, estas semillas producen plantas más pequeñas que son más fáciles de manejar. Consumen menos espacio y le permiten cultivar lotes en diferentes etapas de crecimiento uno al lado del otro.

Si quiere que su primer lote sea exitoso en el sentido de que termine con algo para consumir, su mejor apuesta es ir con una variedad de semilla auto-floreciente.

Tom Whistler

Feminizada

Las semillas de cannabis masculinas no producen flores ricas en THC y CBD, lo que las hace inútiles para el consumidor. Así, los entusiastas de todo el mundo luchan con la idea de identificar el género de sus plantas y deshacerse de los ejemplares masculinos de su población.

Cuando se trata del ciclo reproductivo de las plantas, es casi imposible asegurar que el 100% de sus semillas sean todas femeninas. A pesar de ello, se puede acercar estadísticamente a este margen con los métodos de cría adecuados.

Gracias a los muchos años de investigación y experimentación realizados por muchos bancos de semillas en todo el mundo, ya no tendrá que preocuparse por eliminar la mayoría de las semillas que compre. En realidad, puede comprar lotes de semillas que ya están feminizadas por defecto. Esto se hace mediante el tratamiento químico de las semillas para producir principalmente plantas femeninas.

La mayoría de los paquetes feminizados pueden garantizar hasta el 95% de la población femenina de su planta en todo el lote. Si ud es un cultivador primerizo que busca un buen rendimiento, deberá buscar lotes feminizados.

A pesar de ello, las semillas masculinas también tienen un propósito, especialmente para los que se dedican a la distribución de cannabis. Para hacer semillas propias, necesitará plantas masculinas para polinizar a sus hembras y crear brotes que tengan semillas.

En esos casos, va a querer tener un lote regular de semillas que no hayan sido modificadas para ser predominantemente femeninas. Es por eso que usted debe estar agradecido incluso si su lote de hembras sigue produciendo machos. Es probable que usted quiera empezar un nuevo lote una vez que haya consumido su primera cosecha.

Dado que el cannabis también puede convertirse en hermafrodita (tienen partes masculinas y femeninas), tendrá que inspeccionar todas las flores de su planta de maceta para asegurarse de que sólo tiene flores femeninas. Si por casualidad se pasa una flor masculina, ésta polinizará las otras flores femeninas de su lote, arruinando su cosecha.

Otras clasificaciones

Si está buscando semillas online, probablemente ha visto algunos nombres comunes que aparecen en múltiples portales de venta:

- Super Skunk
- AK47
- Northern Light x Haze
- BubbleGum
- Afghan Kush

Aunque estos nombres suenan como marcas de lujo para atraer su atención, en realidad son variedades de cannabis más pequeñas y especializadas que tienen efectos específicos.

Hay algunas cepas que ayudan a darle energía y a la vez le dan menos tiempo de inactividad para ayudarle a continuar con su día. Hay otras cepas que le permiten pasar las tardes con facilidad.

También hay cepas que tienen sabores particulares junto con el humo cuando se preparan. Otros también desprenden ciertos olores con los que algunos consumidores son muy particulares.

Aquí es donde la selección de semillas se vuelve interesante. Aquí, usted está abierto a la posibilidad de encontrar algo más específico a sus preferencias como consumidor. Puede comenzar duplicando el tipo de producto con el que está familiarizado. La mejor manera de hacerlo es preguntarle a su distribuidor qué tipo de Cannabis está comprando. Es muy probable que el nombre del paquete sea el mismo que el de las semillas que quiere.

Cuando haya cultivado con éxito su primera planta de maceta o lote de plantas, puedes empezar a experimentar con otras variedades. Mezclar lotes de semillas y razas de polinización cruzada le dará más personalización.

Pedir semillas

Si ya tiene una variedad que quiere cultivar, el siguiente paso es encontrar la mejor oferta para su selección. Esto puede llegar a ser un poco confuso porque la competencia global es bastante feroz a pesar de la cuestión de la legalidad de la marihuana en ciertas partes del mundo.

Aquí, la investigación es la clave. Debido a la dura competencia, es fácil caer en una estafa y ser engañado al pensar que tiene un buen negocio en un envío sólo y luego al llegar la cosecha es una decepcion total. Revise estos sitios para encontrar un buen proveedor:

<u>Dutch Passion</u>

<u>Nirvana</u>

<u>MSNL</u>

<u>Amsterdam Marijuana Seeds</u>

Se puede llamar a estas organizaciones "bancos de semillas" en el sentido de que almacenan y envían semillas por todo el mundo. Estos son sólo algunos ejemplos de los innumerables bancos que ofrecen envíos de calidad a los entusiastas interesados.

Por supuesto, también puede ir cerca de su casa y acercarse a su distribuidor personal. Si ya tiene un proveedor habitual de Cannabis, es muy probable que estos distribuidores también estén conectados con entusiastas que estén dispuestos a venderle semillas.

Semillas vs Clones

Otro aspecto interesante del cultivo de Cannabis es la posibilidad de cultivar una planta entera a partir de las ramas de otra planta. Estos son conocidos como clones.

Dado que el cannabis se considera una mala hierba, ciertas partes de la planta que se dejan en condiciones ideales también echarán raíces y se convertirán en una planta completa en sí misma, como cualquier otra mala hierba cuando se deja crecer. Por eso también puede optar por cultivar un clon en lugar de una semilla.

La única ventaja que tendrá con los clones en crecimiento es que no tendrá que nutrir ninguna semilla para que germinen ya que ya se ha hecho. Lo que está haciendo es tomar una parte amputada de la planta y ayudarla a regenerarse.

Una vez que el clon ha desarrollado raíces propias, las diferencias en el crecimiento desaparecen, ya que tiene otra planta nueva que brotará flores para usted.

Capítulo 5: Germinando sus semillas

Ahora que tiene su área de cultivo, semillas, equipo y todo lo demás que podría necesitar, es hora de poner en práctica sus conocimientos y hacer que esas semillas germinen.

La palabra "germinar" se refiere al proceso en el que las plantas se desprenden de sus semillas y comienzan a echar raíces. El proceso de germinación es el primer signo de un buen rendimiento y es un proceso muy delicado.

El método natural

Para los principiantes, la mejor manera de germinar una semilla es seguir el curso de la Madre Naturaleza y enterrarla a un centímetro de profundidad en su maceta y en la tierra.

Si se entierra demasiado profundo, la planta no recibirá suficiente luz solar para germinar adecuadamente. Si se entierra muy poco profundo, las raíces de su planta no podrán penetrar en el suelo lo suficientemente bien como para establecerse.

Como cultivador, lo siguiente que querrá ver es un pequeño brote que sobresale de la superficie del suelo. Para que eso suceda, tiene que cumplir algunas condiciones:

- El suelo debe estar húmedo, pero no inundado. Si está utilizando tierra prefertilizada rica en nutrientes, entonces no debe lavar todos esos nutrientes con demasiada agua. No deberá ahogar la planta.

- La temperatura del suelo y sus alrededores debe ser cálida, pero no demasiado, ya que podría dañar su semilla. Es aconsejable que acerque la luz al suelo para que la planta sepa en qué dirección debe crecer.

Si se cumplen estas condiciones, debería ver los primeros signos de vida brotar de la capa superior del suelo. Cuando las raíces de la planta empiezan a brotar de la capa de la semilla, sus primeras hojas deben abrirse camino por encima del suelo donde su sistema de iluminación las espera.

Remoción de semillas

Además de la forma natural de hacer las cosas, también puede intentar colocar las semillas en un vaso de agua tibia. Es mejor que use un vidrio transparente para que pueda monitorear el progreso mientras las empapa.

Tan simple como suena, remojar sus semillas es una de las mejores maneras de hacer que sus plantas rompan sus recubrimientos de semillas. Al someter las semillas al agua, se cambia el entorno de la semilla y se induce un ablandamiento de su envoltura exterior.

Esto funciona bien si se utilizan semillas muy viejas que no han sido plantadas en mucho tiempo. También son excelentes para las semillas gruesas y resistentes que necesitan más tiempo de lo habitual para germinar.

Después de unas horas de remojo, notará que las semillas que están sanas se hunden en el fondo del recipiente. Si le da unas cuantas horas más después de eso, notará que se forman manchas blancas en las semillas.

Estas manchas son las raíces primarias que tratan de salir de la semilla y absorber el agua. Esto es una señal de que el remojo está funcionando. También es una señal que significa que pronto tendrá que sacar las semillas.

Una vez que las raíces primarias hayan brotado visiblemente de la carcasa de la semilla, sáquelas del agua y transfiéralas a su tierra y a su maceta. Allí, no tendrán un ambiente completo que tenga todo lo que necesitan para florecer.

Cuando se utiliza este método, es importante contar las horas que ha estado remojando sus semillas. No puede dejarlas en agua por más de 24 horas ya que esto simplemente las hará inutilizables.

Dicho esto, habrá algunas semillas que no germinarán aunque se dejen en el agua durante casi un día. Cuando esto ocurra, no se preocupe, simplemente saque las semillas rebeldes y colóquelas en un área cálida y húmeda para promover la germinación.

Aunque este método es rápido, es un método precario que podría terminar matando sus semillas si no tiene cuidado. Cuando compre semillas, asegúrese de consultar con su fuente si su selección tiene cajas de semillas duras que necesitan ser remojadas. Las semillas con cáscara blanda no necesitan realmente el remojo y se comportan bien en condiciones normales.

La toalla de papel

Otra forma de hacer germinar sus semillas es usar una toalla de papel húmeda colocada en un plato. Asegúrese de que la toalla de papel no esté demasiado húmeda. Pásela rápidamente por el grifo, con el flujo más suave, y espere a que el agua cubra toda la toalla.

Cuando tenga su toalla mojada, colóquela en un plato pequeño. Coloque sus semillas sobre la toalla y luego doble la toalla por la mitad. Después de eso, cubra todo con otro plato del mismo tamaño. Esto proporcionará a las semillas un poco de calor para estimular la germinación.

Después de unos 3 días, revise la toalla de papel una vez más. Para ese momento, algunas de sus semillas deben haber sido atravesadas y deben ver algunas raíces de golpecito que salen en la toalla de papel en busca de nutrientes. Desde allí, debe transferirlas inmediatamente a sus macetas y al suelo.

Traslado de semillas

Si está germinando fuera de su maceta, es muy importante que transfiera inmediatamente sus semillas una vez que hayan atravesado sus cáscaras.

Esto se debe a que sus plantas tienen una gran necesidad de nutrientes, agua y luz solar para obtener más material de construcción. Si las ha colocado en una toalla de papel o en un vaso de agua, no va a poder darles todo lo que necesitan.

Una vez que la planta se abre paso, ya no germina. Ha reunido suficiente energía para superar su primer obstáculo, que es destruir la capa de la semilla. Pase a la siguiente etapa de desarrollo que es la fase vegetativa.

Para lograrlo, ahora vas a necesitar los nutrientes adecuados y la luz del sol que sólo puede proporcionar en su área de cultivo. No espere a que salgan las primeras hojas. Tan pronto como vea sus raíces, transfiérelas de inmediato.

Cuando transfiera sus semillas, asegúrese de incrustarlas con las raíces hacia abajo. Ya sabe dónde están los nutrientes y tiene que asegurarse de que su planta de está orientada en la dirección correcta.

Otra cosa que hay que tener en cuenta al transferir su planta es no tocar las raíces. Puedes usar pinzas. Esto se debe a que las raíces son muy sensibles y están hambrientas. Absorberán casi todo lo que puedan encontrar. No querrá darles nada más que las cosas que tiene para ellas en su tierra.

Además, estas raíces son muy tiernas. Usted puede fácilmente paralizar su planta si no las maneja con cuidado. Con las raíces dañadas, su planta no podrá obtener todo lo que necesita para darle una cosecha abundante.

Antes de transferir sus semillas, asegúrese de que su nuevo apartamento esté listo. Cree una abertura en la tierra que tenga aproximadamente un centímetro de profundidad y que esté en el centro de la maceta. Una vez que deje caer las semillas, cubra el agujero y enciende una luz en él.

Capítulo 6: El estado vegetativo

Una vez que haya metido su planta en la maceta y en su área de cultivo, comienza la siguiente fase de desarrollo: la fase vegetativa. En este caso, tiene que asegurarse de que sus plantas tengan períodos completos de 24 horas de luz directa. Sus hojas jóvenes van a pasar todo su tiempo en la fotosíntesis y necesitarán toda la ayuda posible.

Se llama fase vegetativa porque todo lo que verá de su planta son tallos más largos, más ramas y hojas. Sólo le dará vida vegetativa sin flores ni capullos. Esta etapa es tan importante como la que viene después, porque es el momento en el que prepara su planta para darle una gran carga cuando llegue el momento de cosechar los brotes.

Pre-vegetación

Antes de declarar que su planta ha terminado de germinar, esté atento al brote que viene de la superficie del suelo.

Cuando su Cannabis brote por primera vez desde el suelo, notará dos hojas lisas del tallo inicial. Tenga en cuenta que estas hojas no se parecerán a ninguna otra hoja de cannabis que haya visto antes.

Eso es completamente normal y no hay motivo de preocupación. Es una parte natural del proceso de germinación. Piense en esas dos hojas anormales como hojas de bebé que han resultado de la germinación.

Dele a la planta unos dos días más en este estado y notará dos hojas más de su tallo inicial. Allí, notará que estas nuevas hojas dentadas son más características de las hojas de Cannabis. Esas son sus primeras "credenciales" de adulto. Esa es la señal de que su planta de maceta ha comenzado la etapa vegetativa.

Piense en esta etapa como el tiempo que tiene la planta para crear tantas hojas y ramas como pueda antes de que se centre en darle flores. Por eso necesita toda la ayuda posible de usted, el cultivador.

Además de ser la siguiente fase de desarrollo, también es la parte más larga de la vida de la planta. Puede tomar entre dos semanas o dos meses completos para que entre en la etapa de floración.

En este punto, su planta de maceta necesita mucho nitrógeno que provendrá del suelo. Esto es para ayudar a la planta a hacer muchas ramas y hojas saludables. También necesitará luz solar para que las hojas tengan suficiente material de construcción.

Si utiliza semillas de autofloración, es muy probable que tenga aproximadamente tres semanas hasta que su planta comience a florecer. Si no está usando autofloración, entonces puede dictar el momento en que comienza la floración controlando la cantidad de tiempo de día que reciben sus plantas.

Cuestiones de tamaño

El tiempo que su planta pasa en estado vegetativo tiene un gran impacto en el tipo de cosecha que obtendrá al final del ciclo de vida de la planta.

Naturalmente, cuanto más grande sea la planta que crezca, mejor será la cosecha. Esto se debe a que tendrá más hojas y más superficies en las que crecerán las colas. Cuando se consiguen más colas, se obtiene más Cannabis utilizable. Cuando llega el momento, se invierte el dinero en semillas.

Esta es la razón principal por la que la etapa de desarrollo vegetativo es importante. Algunos entusiastas de larga data dan a sus plantas de maceta por lo menos un mes completo o incluso más en este estado, vigilando cuidadosamente el crecimiento de sus plantas y proporcionándoles aditivos y vitaminas para asegurar una buena cosecha.

Si no está usando semillas de auto-floración, hay una gran posibilidad de que pueda arruinar el proceso de crecimiento si se equivoca. Obteniendo fotoperiodos equivocados, malas condiciones y negligencia a la hora de regar.

Hacer bien las cosas

Si quiere obtener el mayor rendimiento posible, tiene que dar a sus plantas todo lo que necesitan. Para ello, se deben cumplir varios requisitos.

Lo primero es una iluminación adecuada. Con su configuración, prepárese para obtener un aumento en su factura de electricidad porque necesitará someter sus plantas a la luz durante más de 18 horas al día.

Para ello, las luces tienen que estar encendidas durante un tiempo considerable. Eso tendrá un cierto efecto en sus facturas. Lo bueno de esto es que no tiene que preocuparse por sus ciclos naturales de día y noche. Como está creciendo en el interior, puede comenzar el "día" de su planta de maceta cuando quiera.

Algunos cultivadores expertos incluso eligen empezar a iluminar sus áreas de cultivo por la noche cuando duermen para no molestar a sus plantas. También se aseguran de mantener sus plantas en la oscuridad una vez que su fotoperíodo termina.

Una consideración importante es nunca jamás dejar que sus plantas en ciernes obtengan menos de 18 horas de luz en un día.

La razón de esto es que usted querrá que la planta piense que todavía está en las primeras etapas de desarrollo. En tal estado, la planta comerá y crecerá tanto como pueda. Para ello, tendrá que engañar a las hojas de la planta dándole toda la luz del día que pueda durante el mayor tiempo posible.

A veces, los entusiastas expertos deciden dar a sus plántulas un período completo de 24 horas de luz y luego dar a sus plantas sólo 6 horas de oscuridad antes de comenzar el siguiente período de 24 horas de luz.

Cuando sus capullos empiecen a recibir una cantidad igual de día y de noche, empezará a prepararse para el invierno. Como ya sabe, la vida del cannabis sólo dura un año. Cuando la planta empiece a sentir que el invierno está a la vuelta de la esquina, actuará en consecuencia. Todos los nutrientes y materiales de construcción que la planta haya acumulado durante su vida útil se canalizarán hacia la floración.

Riego

Además de mucha luz solar, también debe hidratar sus plantas de maceta. Necesitarán una cantidad adecuada de agua para alimentar el proceso de fotosíntesis.

Con ese pensamiento en mente, no basta con abrir el grifo y sacar la vieja cubeta de riego. Recuerde que está alimentando algo, es decir a su planta, cuando la riega. Está tratando con un organismo que tiene diferentes resistencias y requerimientos de los humanos. Lo que puede ser apetecible y potable para usted puede no ser lo mismo para su Cannabis.

En ese mismo sentido, alcanzar esa botella de agua mineral podría ser tan mala idea como el agua del grifo. Podría terminar inundando su suelo con minerales innecesarios que podrían enfermar su cannabis.

Su agua puede estar limpia según sus estándares porque las gargantas y estómagos humanos pueden eliminar ciertos contaminantes, pero sus delicadas plantas no tienen los estómagos llenos de bacterias. Tienen raíces sensibles que acogerán cualquier cosa que les de.

Usted podría estar dandole demasiado cloro, fluoruro, calcio, bacterias, hongos y parásitos que podrían dar a sus plantas la obstrucción mineral e incluso la enfermedad de la raíz. Cuando eso sucede, una planta mala afectará a la planta sana que se encuentra a su lado si está cultivando lotes. Un pequeño error podría costarle toda su área de cultivo y todo lo verde que hay dentro de ella.

Dependiendo de su fuente de agua, usted podría estar buscando una combinación de cosas buenas y malas para su planta. Vuelva a la discusión sobre los nutrientes que su planta necesita. Si su agua tiene esas cosas, entonces está haciendo bien el trabajo. Cualquier otra cosa se interpondrá en su camino para cultivar el mejor lote que pueda.

Por eso, antes de regar sus plantas, debería filtrar el agua por su cuenta. De hecho, la inversión en un sistema de filtración en el hogar no sólo es una idea inteligente para sus plantas, sino que también es una gran idea para todo su hogar.

Con el agua filtrada, usted está seguro de lo que entra en su suelo y lo que su planta come. De esta manera, podrá determinar las causas de los problemas que podrían surgir en medio de las etapas de crecimiento.

Una cosa más que tiene que recordar es que nunca debe regar en exceso. Sumerja las plantas antes que ahogarlas. La desnutrición es más fácil de remediar que una planta ahogada.

La siguiente pregunta que debe hacerse es: ¿con qué frecuencia debe regar sus plantas en ese momento? Aquí es donde el amor por su hobby comienza a mostrarse. Las diferentes variedades de plantas de Cannabis tendrán diferentes requerimientos de riego. No existe una regla universal que dicte cuánto necesita cada cepa.

El riego de su cannabis requiere un control estricto de sus plantas. Un buen indicador de que sus plantas necesitan ser regadas es cuando sus hojas empiezan a caer. Esto indica que la energía y la humedad en el área son pobres.

Cuando esté regando sus plantas, tenga cuidado de no ahogarlas. La idea aquí no es crear una piscina con el agua. Usted simplemente quiere mejorar la humedad de su suelo.

Si está utilizando macetas inteligentes, cualquier exceso de agua que hubiera vertido saldrá por los los agujeros de la maceta. Si está usando recipientes regulares y comienza a tener escurrimientos de agua, va a tener que transferir delicadamente sus plantas a un nuevo recipiente.

Consistencia

Tenga en cuenta que durante esta etapa es que su horario de iluminación tiene que ser seguido. Si ha decidido dar 18 horas de luz diarias, tiene que ser la misma durante toda la etapa vegetativa.

Cuando se empieza con un período de iluminación específico, hay que mantenerlo así durante el mayor tiempo posible antes de entrar en la etapa de floración.

Si sus luces sólo funcionan con un interruptor, tendrá que cronometrar estos fotoperíodos y actuar en consecuencia. Cuando el fotoperíodo se acaba, las luces se apagan y se debe asegurar de que sus plantas vivan en completa oscuridad para comenzar su período de descanso.

Una forma de evitar este problema es utilizar interruptores temporizados y conectarlos a las luces. Estos son dispositivos económicos que se pueden comprar por separado en las tiendas de iluminación. En algunos casos, los sistemas de iluminación para plantas ya vienen con un interruptor temporizado incluido en el paquete.

Con un interruptor temporizador, no tiene que monitorear las horas de luz solar que recibe su planta. Simplemente ajuste el temporizador a la longitud deseada y él hará el resto. Las luces se apagan cuando el temporizador se apaga sin que usted tenga que estar presente para accionar el interruptor.

Seguimiento

A pesar de usar un temporizador, no puede dejar sus plantas sin vigilancia durante días sin revisarlas. Debido a todos los elementos activos en su pequeño ecosistema, necesitará monitorear los diversos factores de estos elementos para asegurarse que su planta viva en condiciones óptimas.

Puede sonar como si se estuviera haciendo un juego de puntería en una etapa tan temprana, pero cada detalle que se atienda contribuirá a un número satisfactorio de flores al final.

Niveles de pH

Le sorprenderá saber que incluso la tierra tiene un nivel de pH, y es tan impactante como el nivel de Ph en un acuario cuando se trata de cuidar de los peces.

pH significa el poder del Hidrógeno. La presencia o ausencia de Hidrógeno en algo indicará si es ácido o alcalino. Esto se mide en una escala de 1 a 14.

Si el nivel de pH de su suelo está fijado en 7, entonces es neutro. No es ni ácido ni alcalino, lo que puede significar cosas diferentes para su planta. Dependiendo de la cepa que tenga, las diferentes semillas pueden necesitar diferentes niveles de pH para prosperar. La mayoría de los paquetes de semillas tendrán ese valor indicado con ellos.

Si no está seguro, la forma más segura de hacerlo sería mantener un nivel de pH entre 6 y 7. Esta es la gama más segura para su planta de maceta en el sentido de que la tierra no está quemando sus raíces y es lo suficientemente resistente para albergar todos los nutrientes que la planta necesita.

Pero, ¿cómo se miden los niveles de pH en el suelo? Para hacer eso, necesita un kit de pruebas. Son dispositivos sensibles a la presencia de iones de Hidrógeno en el suelo. Los kits de prueba son un poco caros y pueden costar desde 30$ en adelante. Pero un kit de prueba le ayudará a asegurarse de que tiene los niveles de pH correctos para su suelo, para asegurar el crecimiento adecuado de sus plantas.

Lo siguiente que hay que preguntarse es qué hacer si los niveles de pH están más allá de las 6 o 7 escalas según el kit de prueba. ¿Cómo se repara algo así?

El kit de pH le ayudará con eso.

Hay sustancias simples que también puede comprar en cualquier tienda de jardinería para ajustar los niveles de pH en su suelo. Lo que se obtiene son botellas de compuestos como silicato de potasio o incluso esencias de agentes inductores de hidrógeno como el mármol triturado y la cal dolomita.

Sólo tendrás que dejar caer diminutas cantidades de las sustancias en el suelo. Estas sustancias son proactivas y pueden causar cambios inmediatos en la naturaleza de su medio de cultivo.

En caso de que sea necesario corregir el nivel de pH de su suelo, debe hacerlo con moderación durante unos días. Si aumenta la dosis de estas sustancias para ajustar el nivel de pH, va a crear un nuevo ambiente osmótico al que se ajustará su planta. Si el cambio es demasiado drástico, usted estresará su planta y dañará su cosecha. Por eso es mejor dar pequeños pasos durante unos pocos días.

Por lo tanto, usted necesitará monitorear el nivel de pH de su suelo diariamente. Esto se debe a que su suelo pasará por innumerables cambios a medida que los requerimientos de nutrientes de su planta cambien con el tiempo.

Cuanto más coman sus plantas del suelo, menos tiene el suelo para ofrecer. Cuanto más largos sean sus tallos y raíces, menos espacio habrá en el suelo para que crezcan los nutrientes y las bacterias buenas.

Humedad

Además del nivel de pH del suelo, también es necesario mantener la humedad bajo control. Usted no querrá mantener sus plantas en un ambiente extremadamente húmedo con altas temperaturas por su luz. Esto permitirá que otras formas de vida aparezcan en sus plantas, tales como bacterias no deseadas y otros parásitos que podrían haber encontrado su camino en su suelo.

Usando un humidificador, puedes medir cuán húmeda es el área de cultivo. Aunque no quiera un área de cultivo extremadamente seca, tiene que adaptarse. Esto se puede hacer fácilmente ajustando las luces para que más de ellas lleguen a las zonas húmedas. También puede cambiar las bombillas que tienen mayor salida de luz si su área de crecimiento general se siente húmeda.

Temperatura

Al igual que la humedad, la temperatura también debe permanecer constante. ¿Recuerda las lecturas iniciales del termómetro que tomó cuando seleccionó su área de cultivo? Estas condiciones deben permanecer constantes durante toda la vida de la planta.

Cuando la temperatura cambia drásticamente, podría estar dando a sus plantas una impresión equivocada de la época del año y podría terminar floreciendo antes de lo previsto, lo que afectaría a la cantidad de Cannabis que va a producir.

Hacer todo este seguimiento suena como un montón de trabajo, pero es por eso que muchos entusiastas lo llaman una labor de amor. El cannabis es una de las pocas cosas en este mundo que tienen una correlación directa con la mano de obra que usted provee. Cuanto más esfuerzo ponga, mejor será el rendimiento.

Eventuales problemas

Como con cualquier otro hobby, también tendrá su cuota de problemas con el cultivo de su primer lote. Si el cultivo de cannabis no tuviera dificultades y desafíos, todos los que estuvieran en un área legal para hacerlo ya lo habrían hecho.

Plagas

A pesar de cultivarlas en su área de cultivo especial, no puede eliminar completamente la amenaza de plagas externas que se interponen en su cultivo. Si lo hace en un área aislada de su casa, podría estar viendo ratas, ratones, cucarachas e incluso mascotas que podrían arruinar su lote.

Incluso los parásitos que vienen de fuera de su casa podrían entrar en su área de cultivo donde podrían causar estragos en las plantas que usted ha cuidado tan bien.

Algunas historias incluyen a entusiastas que encuentran "brotes" en sus plantas que en realidad resultaron ser orugas que han decidido darse un festín con las hojas de cannabis antes de convertirse en mariposas.

Además de la temperatura, la humedad y los niveles de pH, también debe inspeccionar sus plantas si se han convertido en anfitriones involuntarios de otros organismos que han descubierto su ecosistema improvisado.

Esté atento a las hojas dañadas que podrían haber sido mordidas por otras cosas. Revise las esquinas de su área de cultivo si se han convertido en nidos para algunas arañas o ratones. También tendrá que revisar su sistema de ventilación de vez en cuando. Nunca se sabe lo que puede quedar atrapado en sus ventiladores y hacer que dejen de funcionar en medio de un fotoperíodo.

Crecimiento deficiente

Otra cosa que puede esperar de su primer lote es la posibilidad de que sus plantas no estén creciendo tan bien como se esperaba, así como otros miembros de su lote. Esto podría ocurrir durante la fase de germinación al principio.

Es posible que algunas semillas no germinen tan pronto como las otras. Algunas plantas pueden ser más cortas que otras. Algunas podrían ser incluso unas pocas ramas cortas con hojas pequeñas. Algunos incluso podrían parecer secas en comparación con las otras.

En estos casos, sus esfuerzos de investigación entran en juego. Como cuidador, es su trabajo averiguar qué es lo que está causando estas deficiencias y encontrar una manera de contrarrestarlas.

Estos problemas suelen solucionarse añadiendo más nutrientes al suelo. Estos suplementos también se pueden obtener en su tienda de jardinería local.

Periodico de crecimiento

En línea con el monitoreo y cuidado de su Cannabis, también debería mantener un diario de crecimiento.

A diferencia de otros tipos de diarios, usted registra los detalles de sus observaciones en su diario de cultivo. Etiquete cada centro que tenga y diríjase a ellos de acuerdo con sus entradas. Mida la altura de cada planta que crece cada día y registre sus alturas regularmente.

Cuente el número de hojas que tienen sus plantas así como sus ramas. Registre las lecturas de temperatura en varios momentos del día. Cada detalle de su planta debe ir en el diario.

Esto es importante porque al registrar el desarrollo de su planta, usted comienza a tener una idea de lo que funciona y lo que no. Cuando algo sale mal, usted puede sistemáticamente rastrear sus pasos hacia atrás para ver si ha cometido algún error con su procedimiento de cultivo.

Cuando sus plantas están atrofiadas, puede anotar en qué día ocurrió esto y remontarse a lo que ha hecho en ese día en particular. ¿Fue rápido con el riego? ¿Hubo algún problema con la iluminación esa vez? Un diario de crecimiento hace que la solución de problemas sea mucho más fácil y hace que encontrar una solución sea un esfuerzo más preciso.

Capítulo 7: La etapa de floración

Todos sus problemas durante la etapa vegetativa se transforman en la promesa de brotes durante la etapa de floración. Aquí, todo el esfuerzo y los nutrientes que ha estado dando a su planta entrarán en juego y realmente verá el valor de su inversión en sus semillas.

La etapa de floración del cannabis denota el momento más esperado por cualquier entusiasta. Aquí, la planta exhibe los resultados de su cuidado y atención al comenzar a formar capullos de flores que luego serán cosechados por su contenido de cannabinoides.

Esta etapa sigue el período vegetativo de 3 a 6 semanas por el que los has hecho pasar. A pesar de cambiar el enfoque de la vegetación a las flores, hay que recordar que la planta sigue creciendo. Tiene que cambiar algunas cosas de su enfoque pero mantener algunas otras prácticas.

Iluminación

Tanto si utiliza semillas de auto-floración como si no, tiene que ayudar a su cannabis a entrar en el estado de ánimo y a seguir con el programa. Cambie sus patrones de iluminación y reduzca el número de horas de iluminación que recibe su cannabis.

De las 18+ horas habituales bajo la lámpara, pásela a un ciclo simple de 12 horas con una cantidad igual de oscuridad. Lo que esto hace es que alerta a la planta de que el invierno está llegando (aunque no sea así).

Durante esta etapa, la planta comenzará a asignar material de construcción para crear las flores que espera cosechar al final del ciclo. Le sorprenderá saber que su planta de Cannabis es lo suficientemente sensible como para notar estos cambios de temperatura e iluminación para entrar en la etapa de floración con los estímulos adecuados.

Nutrientes

Dado que ya ha entrado en la fase de floración, su cannabis va a necesitar mucho nitrógeno. Esto es para apoyar a la flor en la fabricación de grandes cantidades de colas para usted. Si está suministrando nitrógeno a su suelo, no hay razón para dejar de hacerlo.

También vas a necesitar hidrógeno para apoyar el crecimiento continuo de su Cannabis. Sí, todavía tiene más espacio para crecer, especialmente en este momento. Esto se conoce como el "estiramiento floral".

Aquí, el Cannabis comienza a preparar sus tallos, hojas y ramas para soportar el número de flores que creará. Como ha leído antes, cuanto más grande es la planta, mayor es el rendimiento. No se sorprenda de ver unos centímetros más en su planta a pesar de que haya cambiado su horario de luz.

Con esto en mente, tendrá que introducir algunos elementos nuevos en la ecuación; los cuales son el fósforo y el potasio. Una vez más, estos suplementos están disponibles comercialmente.

El nitrógeno, el fósforo y el potasio trabajarán mano a mano para ayudar a su cannabis a ganar unos centímetros más para soportar las grandes colas que ha estado esperando. Esto hace que sea un momento extremadamente delicado y crítico para su planta de maceta.

Si, por casualidad, usted no complementa estos nutrientes o descuida sus plantas, afectará su producción final y todas esas semanas de trabajo y monitoreo se desperdiciarán.

Firmas

Sabrá que se está acercando a la meta cuando veas pistilos y estambres cerca de las hojas de su planta de maceta. Esos son sus órganos sexuales y eso significa que se está preparando para propagarse a sí mismo para el "invierno" que les ha hecho sentir.

Además, su planta tendrá espacios más cortos entre sus hojas para apoyar las necesidades de nutrientes de las flores. Cuando eso suceda, verás que los primeros brotes empiezan a aparecer.

Esta fase inicial y de ajuste tomará alrededor de dos o tres semanas desde el final de su período vegetativo. Cuando empiece a notar estos cambios, regístrelos en su diario y marque su calendario. Estará cosechando de 6 a 8 semanas a partir de ese momento.

Vas a querer podar los brotes prematuros que se forman bajo las sombras de su planta. Estos capullos no van a recibir suficiente luz solar que les sirva de algo. Tampoco es conveniente que mueva sus plantas de un lado a otro para que se ajusten a las nuevas alturas y las estrese en este punto crucial.

Si nota que las hojas grandes bloquean algunos de los brotes de su planta, no las corte. Es mejor sacrificar un brote que no crezca bien en lugar de cortar una hoja que podría suministrar a toda la planta los nutrientes que afectarán a la cosecha en general. De ninguna manera debe dañar sus hojas. Ellos son su centro de poder en este momento y las necesitará para aumentar su cosecha.

Temperatura y humedad

En esta etapa en particular, es necesario mantener la temperatura y la humedad en los mismos niveles. Si induce algún cambio aquí, podría estar diciéndole a la planta que regrese al estado vegetativo y que le haga retroceder unas semanas más.

El florecimiento

La magia comienza a suceder cuando su planta deja de crecer. La altura que tenga en ese momento ya no cambiará. Esto es porque ahora se centrará en la floración. Ahí es donde todos los nutrientes irán desde ese punto en adelante.

Mantenga la proporción 12/12 de noche y día por igual durante estas últimas semanas. Este es el momento en que sus brotes comenzarán a crecer en masa. Cualquier crecimiento vegetativo que haya visto en la planta durante la fase vegetativa se convertirá ahora en energía de la planta de cannabis durante esta fase.

También notará la resina protectora que se forma cerca de las hojas y los brotes. Puede que piense que es un buen momento para empezar a probar sus brotes. Esto está mal y potencialmente podría desperdiciar toda la planta destruyéndola para obtener una muestra.

Si sólo lleva tres o cuatro semanas de floración, todavía está lejos. Su planta puede haber dejado de crecer pero aún no ha terminado de funcionar. Entre la cuarta y la sexta semana, sus brotes comenzarán a ganar más masa y a formar colas.

Mantenga la nueva mezcla de Fósforo y Potasio que entra en la planta diariamente. Hágalo con pequeños incrementos durante el período de unos pocos días. No debe sorprender a la planta en un momento tan delicado, pero también debe darle todo lo que necesita.

La maduración

Si ha hecho todo bien, su planta de maceta empezará a parecerse a las cosas que ve en las revistas y en las búsquedas de Google durante la sexta y octava semana de la etapa de floración.

A pesar de los sorprendentes cambios que están ocurriendo en su planta, usted debe estar al tanto de las cosas. A medida que sus brotes comiencen a engordar y madurar, comenzarán a acercarse unos a otros en la planta.

Aquí es donde empieza a tomar sus colas. Debido a este cambio en la estructura de la planta, también se va a producir un cambio en el peso de la planta. Aquí es donde se encuentran las plantas que se balancean a un lado y se apoyan con lastres y tuberías.

Lo importante es mantener estas plantas bajo la luz sin tener ninguna de sus posibles colas en las sombras. Eso es lo que ha estado esperando. Lo último que debe hacer es impedir su crecimiento a estas alturas del juego, privándolos de la luz del sol.

Su planta crecerá pesada y se formará más resina cerca de las colas y las hojas. También empezará a sentir ese olor característico del cannabis de las plantas maduras que traiciona el producto que está cultivando en su zona de cultivo.

También es durante este tiempo que debe dejar de fertilizar su suelo. Esto se debe a que se está acercando al final de su ciclo y la planta tendrá muy poco uso para cualquier otra cosa que quede en el suelo. Ha tomado todo lo que puede y ahora está trabajando por su cuenta.

También ya no debe fertilizar; para que la planta empiece a descartar cualquier exceso de nutrientes y minerales que puedan afectar a la calidad de su producto. Piense en ello como una limpieza mineral para su Cannabis.

Al hacerlo, simplemente déle a su planta agua filtrada sin ningún tipo de suplementos durante estas semanas. Esto se conoce como "flushing". Ayudará a mejorar la calidad de su cosecha al eliminar todo lo no deseado de sus plantas, dejando sólo el THC y el CBD.

Sabrás que se está acercando al final de la fase de floración cuando las flores ya hayan cerrado las distancias entre ellas y sus pistilos empiecen a crecer en un tono rojo oscuro.

También tendrá que soportar el poderoso olor no sólo de la resina de la planta sino también el de las flores. Tenga en cuenta que el cannabis no es algo que se utilice por sus propiedades aromáticas.

Si usted está cultivando en una parte conservadora del vecindario, tendrá que lidiar con estos olores utilizando filtros de carbón en su sistema de ventilación.

La señal definitiva

Para el cultivador de cannabis, el mejor momento llega cuando más de la mitad de sus pistilos se han vuelto completamente rojos. Esto significa que la planta ha alcanzado su plena madurez y está lista para ser cosechada.

La resina que solía notar al examinarla más de cerca es ahora visible a simple vista, incluso desde la distancia. Aquí verá su planta de cannabis en plena floración; una altísima multitud de hojas espinosas y esponjosas colas que están maduras para la cosecha.

Estas cosas deberían comenzar a ocurrir en la octava semana de la fase de floración. Junto con la formación de estas colas, también notará que las hojas se vuelven amarillas.

No se deje llevar por este cartel. Esto es realmente algo bueno. Esto significa que su planta ha agotado su alimento y lo ha puesto todo en el desarrollo de estas colas.

Si estas hojas amarillas están bloqueando la luz de otras partes de la planta o de otras plantas del racimo, no tenga miedo de cortarlas. Lo que no debe cortar son las hojas que aún están verdes. Tome nota, esas hojas todavía tienen algo de lucha en ellas y la planta todavía las está usando para engordar su cosecha.

Asegúrese de anotar la fecha en su diario y calcule la cantidad de tiempo que le tomó recoger esa planta desde la plantación hasta la cosecha.

Con ese registro del diario, es hora de pasar a la mejor parte de ser un cultivador de Cannabis.

Capítulo 8: La cosecha

Ha investigado, ha seguido las instrucciones, ha comprado lo necesario y ha cuidado la planta como si viniera de usted mismo. Ahora está viendo un fino ejemplar de vegetación y todas las esponjosas colas que están esperando ser cosechadas. ¡Felicidades! Se has ganado esta recompensa.

Pero ahora no es el momento de descuidarse. Ahora, usted tiene un producto utilizable que está listo para el consumo, pero hay algunas cosas más que requieren su atención.

Corte

Si ya ha consumido cannabis anteriormente, ya ha visto el producto terminado en el frasco. Esta es la parte que la lleva de la plantación al tarro. Le sorprenderá saber que todavía quedan algunas labores de amor por realizar antes de que pueda disfrutar plenamente de su producto.

Uno de estos desafíos es el corte de la planta. Lo que puede parecer fácil puede hacer que las siguientes etapas sean difíciles o fáciles, dependiendo de lo bien que separe lo que quiere de la planta y lo que ya no necesita de la planta.

Para cortar su planta correctamente, comience con las hojas más grandes y moribundas. Como ahora están desprovistas de nutrientes, ya no las necesitará y no servirán de nada cuando lleve las colas a la siguiente etapa.

Sin embargo, si tiene hojas más pequeñas que aún están verdes y están cerca de los brotes y las colas, seguramente querrá mantenerlas en la planta cuando la corte. Esto se debe a que estas hojas todavía tienen algo de trabajo que hacer mientras usted seca su Cannabis y la prepara para el curado.

La idea detrás de un corte adecuado es separar las colas entre sí en secciones más pequeñas que sean más fáciles de manejar. Esto se logra cortando cada rama del tallo principal de la planta. Con suficiente suerte, cada rama que corte tendrá una cola saludable adherida a ella. Eso es lo que quiere usted.

Deje estas ramas a un lado con cuidado mientras revisa todas sus plantas de cannabis maduras. Cuando manipule sus colas, nunca sea demasiado rudo y ansioso y enérgico. Hacerlo podría dañar los tricomas adheridos a las ramas, afectando el nivel general de THC y CBD en las flores. Eso es algo que ciertamente no quiere que suceda cuando está tan cerca de disfrutar de su marihuana.

Secado

Si usted se iluminara o moliera o consumiera sus colas ahora como están, se sentiría muy decepcionado. Estos brotes no están todavía listos para el consumo ya que acaban de ser separados de la planta madre. Tendrá que quitarles la humedad restante y convertirlas en consumibles.

Para eso es el secado. El cannabis seco es lo que busca. Cuando está tan cerca de tener un gran producto, no puede permitirse cometer errores.

Ahora que tiene un montón de ramas individuales con sus propias colas, sujételas a un sistema de colgado. Un perchero para ropa interior y otros artículos es una gran idea porque tiene clips separados para cada artículo.

Trate sus ramas como una pieza de ropa interior que está dejando secar, pero no quiere que se sequen al sol. Eso sólo quemará la planta y destruirá su composición química, arruinando y desperdiciando todo su esfuerzo.

Cuando ha unido toda sus ramas a un sistema de suspensión. Revise una última vez y asegúrese de que ninguna de las ramas o colas se estén tocando entre sí. Cada uno a lo suyo en este punto. Así es como usted lo debe tener durante todo el proceso de secado.

Cuando se trata de secar, usted debe tener un área oscura pero seca. Con la menor cantidad de humedad posible porque su objetivo aquí es eliminar la humedad, no introducir más de ella en la planta.

Puede usar su área de cultivo ahora no utilizada. Quite las luces pero mantenga las cortinas y el sistema de ventilación. Si va a comenzar un nuevo lote de inmediato, sólo seleccione una zona oscura donde el olor de las plantas y el proceso de secado no molesten a nadie. En caso de que no lo haya notado durante el corte, su cannabis maduro tiene bastante aroma.

Cuelgue sus ramas y colas al revés del techo de su área de secado. Asegúrese de que no esté húmedo y que haya ventilación. Como no entrará ni calor ni luz, necesitará circulación para ocuparse del proceso de secado.

Puede hacerlo con un simple ventilador en el área de secado. Debe tener cuidado de no apuntar su sistema de ventilación directamente a sus ramas de secado y colas. No debe hacer volar todos los brotes y esparcirlos como confeti en su área de secado. Sólo asegúrese de que el aire circule por todas tus ramas y eso servirá.

Deje sus ramas y colas en el área de secado durante unos días. En algunos casos, el secado tardará incluso algunas semanas. Esto se debe a que a estas plantas les quedan muchos nutrientes en las ramas que tienen que secarse.

Sabrá que el Cannabis esta listo cuando los tallos empiecen a agrietarse cuando intentes doblarlos. Es una señal de que las ramas han perdido su flexibilidad y se han vuelto quebradizas. Eso significa que ha logrado drenar la humedad de la planta en ese punto.

Curado

¿Puede empezar a fumar su cannabis seco en este momento? Por supuesto, pero no será tan bueno si no lo cura.

Para muchos entusiastas, la curación es inevitable. A veces es tentador disfrutar inmediatamente de sus duras colas cuando ya están en sus manos en forma seca.

Pero si se le pregunta a cualquier experto, la curación hace la diferencia entre un buen lote y un gran lote. Curar su cannabis es el paso final para ayudar a los cogollos a alcanzar su máxima potencia, dándole lo que ha estado disfrutando todo este tiempo.

El primer paso para la curación es, por supuesto, la manicura de sus colas secas. A pesar de que se han quitado la mayoría de las hojas de las ramas, es muy probable que todavía tenga algunas hojas más pequeñas en sus colas, protegiendo los brotes. Ahora es el momento de separar esas hojas con un pequeño par de tijeras o pinzas o incluso con un cortauñas.

Tenga cuidado de no tirar inmediatamente estos recortes de hojas ya que también contienen fuertes dosis de cannabinoides. Tendrán un sabor diferente al ser ahumadas, pero se pueden utilizar para ser ingeribles y que se pueden incluir en la comida. Las hojas secas ya están listas en este momento.

Cuando se haya hecho la manicura en las colas, es hora de separarlas de las ramas. Aquí, con un poco de perfeccionismo llega muy lejos. Como cultivador, usted debe tener la menor cantidad posible de ramas pegadas a sus brotes. Debe tener un conjunto de brotes puros, sin ramas, listos para el proceso de curación.

Cuando eso esté hecho, tendrá un buen juego de brotes secos que ahora deben ir en jarras de albañilería. Estos son los mejores recipientes de curado porque son herméticos y se pueden abrir fácilmente.

Para obtener el mejor efecto, no llene el frasco hasta el borde. Deje un poco de espacio para que el aire se escape y circule cuando los abra.

Recuerda que tan pronto como termine de recortar las hojas restantes y de separar los brotes de las ramas, estos van inmediatamente al tarro.

Cuando haya envasado todos sus brotes, puede empezar el proceso de curación. Esto simplemente implica mantener los brotes en los frascos durante unas dos semanas más. Aunque estas dos semanas pueden ser agonizantes, ya que ya está viendo el producto terminado, sin duda valdrá la pena la espera.

Sin embargo, durante este período de dos semanas, asegúrese de abrir el tarro por lo menos una vez durante quince minutos para dar a los brotes una buena bocanada de aire para aumentar su potencia. Sólo necesita hacer esto una vez cada ciclo de 24 horas durante las dos semanas.

Una vez que las dos semanas han terminado, el único momento en que usted tiene que abrir el frasco es cuando va a estar probando los deliciosos frutos (brotes) de su trabajo.

Aquí, todo es cuestión de preferencia personal. Su Cannabis está lista para ser consumida, vendida, expuesta y compartida. Pueden ser fumadas y vaporizadas. Si ha guardado las hojas recortadas después de secarlas en un frasco separado, también se pueden utilizar para crear ingeribles o venderlas a los posibles compradores que las fabrican.

Conclusión

Con la finalización del proceso de curado, ya está listo para disfrutar de su producto. Aquí, todo es cuestión de experimentar la marihuana que le ha llevado un cuarto de año (o más) cultivar.

No se olvide de correlacionar el sabor, la resistencia, el efecto y la cantidad de rendimiento de su primer lote en su tronco de cultivo. Esto servirá como un gran criterio para medir el éxito del siguiente lote que se va a cultivar.

A partir de ahí, el proceso comienza de nuevo. Siguiendo los pasos de este libro, estará cultivando en grandes cantidades en poco tiempo. Sólo tenga en cuenta que está tratando con un organismo vivo que tiene necesidades y deseos para que se comporte de la manera que usted quiere. La planta no se dobla ante usted. Es usted que se inclina hacia la planta. Cuando eso sucede, el cannabis crece maravillosamente.

En este punto, puede comenzar a mejorar su área de cultivo. Puede expandirse para acomodar más plantas. También puede probar nuevos sabores.

También puede experimentar en la fabricación de plantas madre que produzcan semillas para usted, de modo que ya no tenga que buscar bancos de semillas.

Felicitaciones una vez más y disfrute de su hierba!

¡Gracias!

Antes de que se vaya, sólo quería darle las gracias por comprar mi libro.

Podría haber elegido entre docenas de otros libros sobre el mismo tema, pero se arriesgastó y elegistó este.

Por lo tanto, un ENORME agradecimiento a usted por adquirir este libro y por leerlo hasta el final.

Ahora quería pedirle un pequeño favor. ***¿Podría tomarse unos minutos para dejar una reseña de este libro?***

Esta retroalimentación me ayudará a seguir escribiendo el tipo de libros que le ayudarán a obtener los resultados que desea. Así que si lo disfrutó, por favor hágamelo saber!

www.ingramcontent.com/pod-product-compliance
Lightning Source LLC
Chambersburg PA
CBHW050329120526
44592CB00014B/2108